Disney · PIXAR

Cars 3

L'histoire du film

hachette
ENFANTS

Ce matin, Flash McQueen se lance sur le circuit.
Il pense à son entraîneur :
« Doc Hudson, cette course est pour vous ! »
Flash dépasse ses amis.
La ligne d'arrivée est là, tout près. Ça y est !
Flash finit premier !

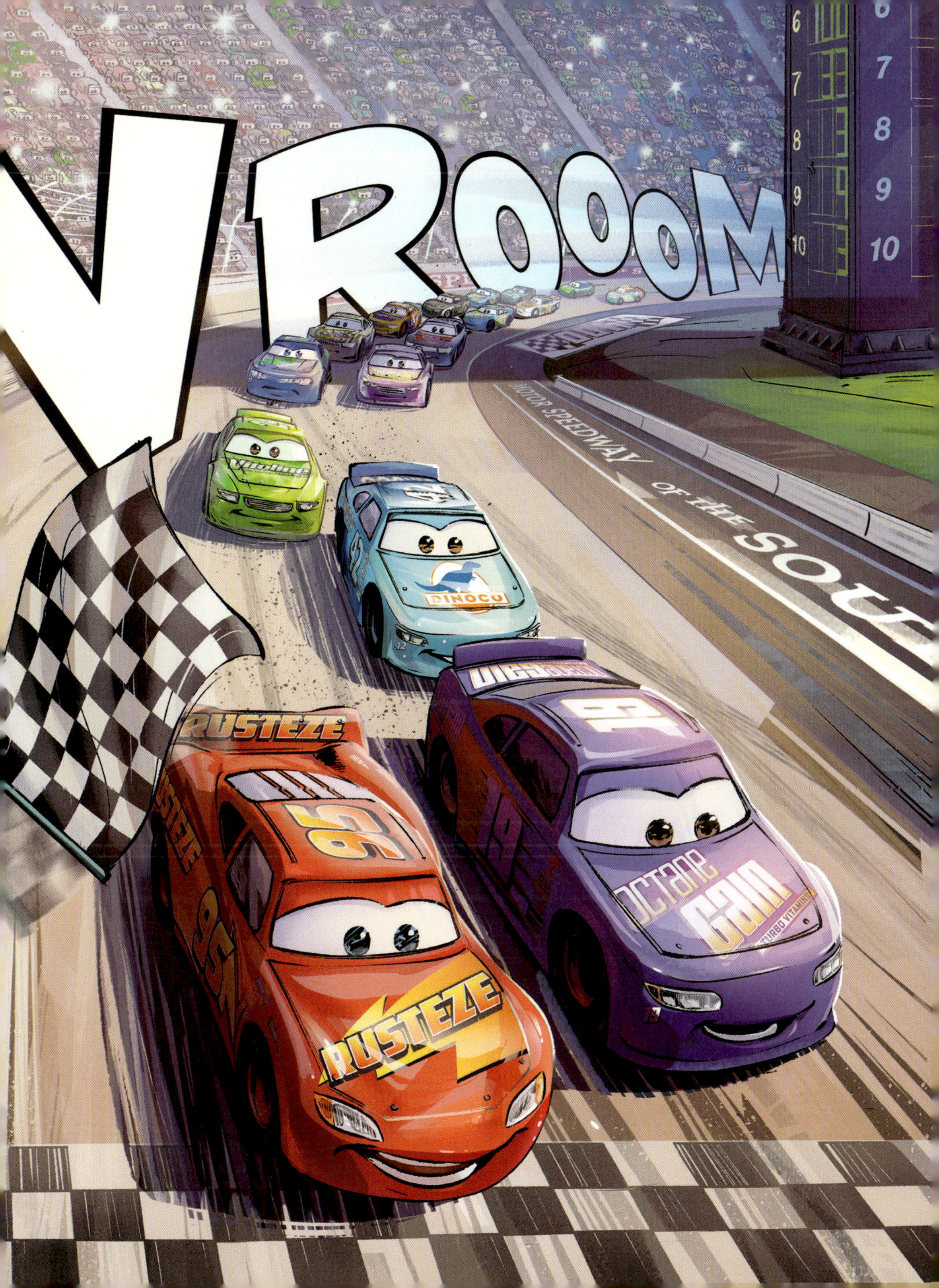
VROOOM
RUSTEZE
DINOCO
octane Gain

Un jour, Flash participe à une nouvelle course.
Juste avant l'arrivée, une voiture noire
le dépasse :
« Je suis Jackson Storm. Et j'adore te battre ! »

95
RUSTEZE
IGNTR
20

Dans les autres courses, Storm dépasse toujours Flash.

Alors, Flash tente encore une fois de gagner.

Mais il a un terrible accident.

Et il ne peut pas finir la course.

Plus tard, il va dans le centre de course.
Là, il rencontre Sterling, son nouveau patron.
Il lui propose de visiter le centre.
Flash est ravi !
Sterling lui montre le simulateur de course.
Et il lui présente Cruz.
« Elle va vous entraîner ! » dit Sterling.

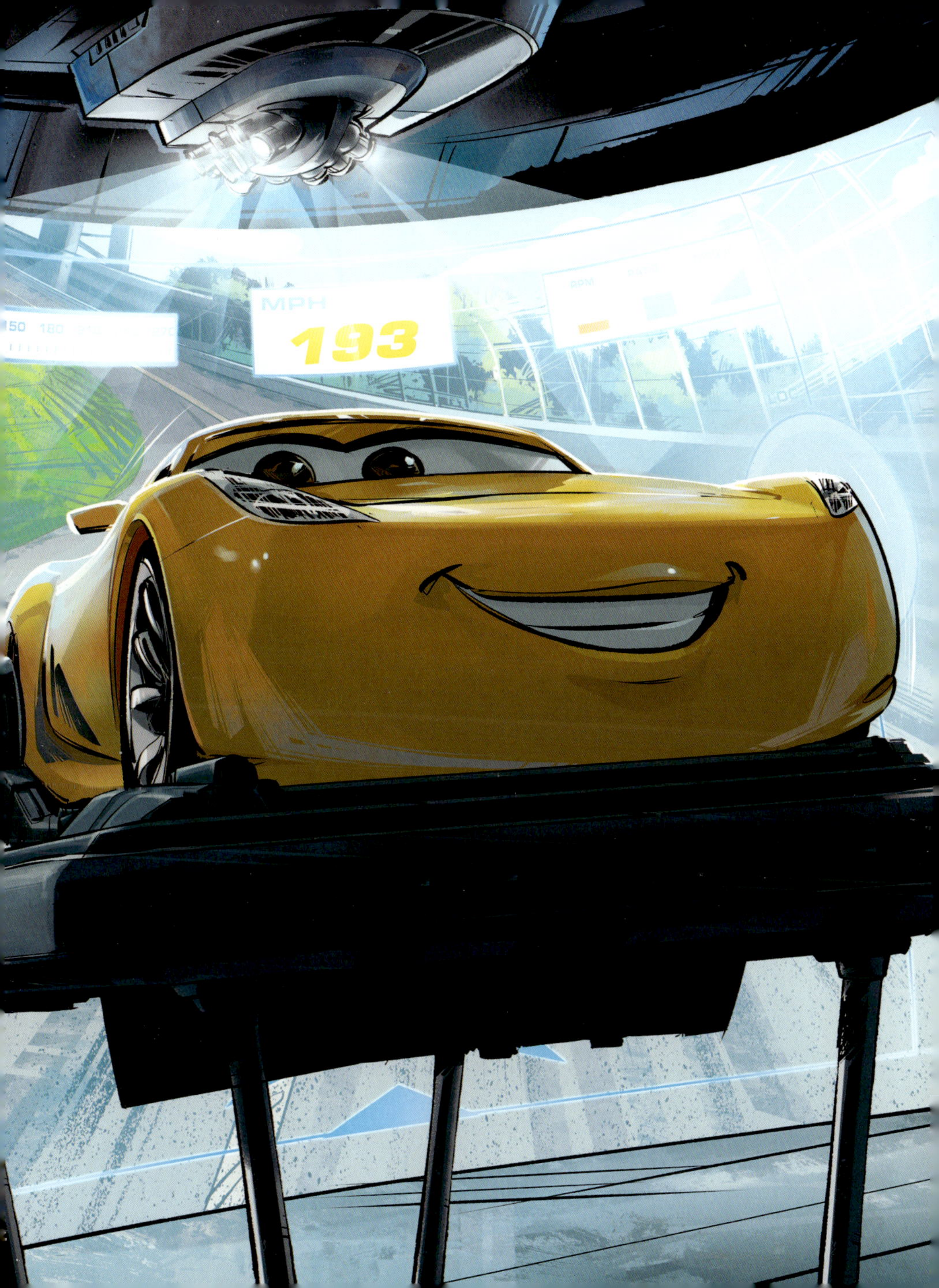
MPH
193

Flash grimpe sur le simulateur.

Mais il perd le contrôle.

« Ça ne va pas ! Je dois m'entraîner sur une vraie piste ! dit Flash.

– D'accord, dit Sterling. Mais si tu perds, tu arrêtes les courses ! »

Flash participe à la course de Thunder Hollow.
Cruz y va avec lui. Mais le circuit a lieu
au milieu d'un derby de démolition !
Et un bus arrive droit sur Cruz !
Flash fonce devant elle et la protège.
Cruz reste seule sur la piste et gagne le derby.

Flash se fâche. Il n'arrive pas à s'entraîner.
Quand Cruz s'en va, Flash appelle Martin.
« Doc me manque tellement ! dit-il.
– Va voir Smokey, son entraîneur »,
lui propose Martin.

Flash demande pardon à Cruz.

Ensemble, ils vont voir Smokey à Thomasville.

Celui-ci leur raconte ses souvenirs :

« Un jour, Doc n'était pas assez rapide.

Pourtant, il a gagné ! En sautant par-dessus

le premier ! »

335 H.P.
REVOLTING
FARADAY VALLEY Dealers
300

Plus tard, Smokey dit à Flash :
« Tu es plus malin que Storm.
Je vais t'entraîner ! »
D'abord, Flash et Cruz doivent tirer
Smokey et ses amis.
Puis ils apprennent à se faufiler
entre les tracteurs. Mais à la course,
c'est toujours Cruz qui gagne.

Et puis le jour de la course arrive.
Flash entend Sterling dire à Cruz :
« Tu n'es pas une voiture de course !
Tu es juste là pour aider Flash. »
Mais Flash n'est pas d'accord !
Soudain, la course s'arrête à cause
d'un accident.

Flash va voir Cruz :

« C'est décidé ! Tu vas finir cette course ! »

Sterling arrive, très en colère, et crie :

« Qu'est-ce que vous faites ?

– Cruz va porter mon numéro.

Et elle va gagner ! »

FLORIDA 500
RUSTEZE
95
RUSTEZE
LIGHTYEAR
CRUZ

La course reprend. Flash guide Cruz
grâce à son micro. Enfin, elle rattrape Storm.
« Tu ne vas jamais gagner ! » dit Storm.
Flash rassure son amie :
« Ne l'écoute pas, Cruz, il a peur de toi,
c'est tout ! »

easy idle
15

Cruz veut doubler Storm par la droite.
Mais il la pousse vers le mur !
Alors Cruz pense à Doc. Elle saute
par-dessus Storm et gagne la course !

95

Flash est très fier de son amie.

« Regarde, dit Smokey. Il y a ton nom sur le tableau des champions ! »

Flash décide de ne plus faire de course pour le moment.

Il choisit d'être l'entraîneur de Cruz, comme Doc l'a été pour lui.

VROOOOM
Rust-eze

JE LIS, JE JOUE

As-tu compris l'histoire ?

1. Comment se nomme la voiture noire ?

a. Sterling
b. Smokey
c. Jackson Storm

2. Qui gagne la course de Thunder Hollow ?

a. Cruz Ramirez
b. Flash McQueen
c. Jackson Storm

3. Que décide Flash à la fin de l'histoire ?

a. Il veut recommencer la course.
b. Il sera l'entraîneur de Cruz.
c. Il va porter le numéro de Storm.

Complète avec UN ou UNE.

------ circuit
--- course
--- accident
--- ligne d'arrivée
--- piste
--- tracteur
--- souvenir
------ colère

Trouve l'image
qui va avec chaque phrase.

1. Un jour, une voiture noire dépasse Flash. .... ☐
2. Flash ne finit pas la course. Il a un terrible accident. .... ☐
3. Doc a gagné une course en sautant par-dessus le premier bolide. .... ☐
4. Flash et Cruz se faufilent entre les tracteurs. .... ☐

A

B

C

D

Qui va gagner ?
Flash, Cruz ou Storm ? À toi de trouver…

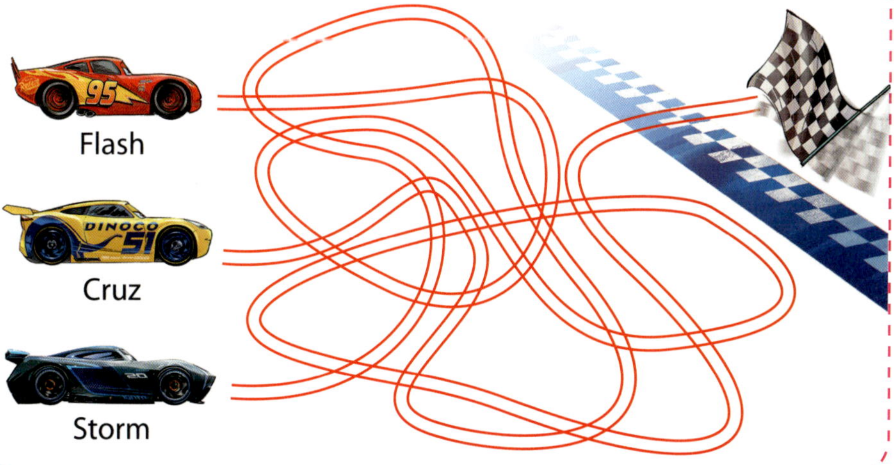

Tourne la page pour connaître les réponses. ▸

Réponses aux jeux

As-tu compris l'histoire ?

1c, 2a, 3b

Complète avec UN ou UNE.

UN circuit
UNE course
UN accident
UNE ligne d'arrivée
UNE piste
UN tracteur
UN souvenir
UNE colère

Trouve l'image qui va avec chaque phrase.

1C, 2D, 3A, 4B

Qui va gagner ?

Flash

Conception graphique et mise en pages : Valérie Gibert et Philippe Sedletzki

58, rue Jean Bleuzen – CS 70007 – 92178 Vanves
Dépôt légal : septembre 2017 – Édition 01. ISBN : 978-2-01-702334-0.
Achevé d'imprimer en Espagne par Industria Grafica Cayfosa en septembre 2017.
Loi n° 49-956 du 16 juillet 1949 sur les publications destinées à la jeunesse.

PAPIER À BASE DE FIBRES CERTIFIÉES

hachette s'engage pour l'environnement en réduisant l'empreinte carbone de ses livres. Celle de cet exemplaire est de :
250 g éq. CO_2
Rendez-vous sur www.hachette-durable.fr

PISTON CUP
Champion
34
RIVER SCOTT
CRUZ
SMOKEY'S
GARAGE
LIGHTNING
95
McQUEEN